JN408922

공간에 두고 가는 언어

공간에 두고 가는 언어

신영철 제4시집

도서출판 천우

서문

참 많이 배울 일이고
오래 힘들이다.
시인이란 이름은 항상 누추하게 부끄러운 자리이고
가난한 시들이 배고파 우는 자리이다.
어쩌다 기쁨을 조금 채우면
금새
쉽게 쓰인 시들이
쓰레기통을 기웃거리고
낯 뜨거운 언어들이 쥐구멍을 찾는
참 많이 외롭고 고독한 자리이다.

도서출판 천우 · 월간『문학세계』
당신을 잊을 수가 없어 또 눈물이 난다.

2019년 새해에

무림 신 영 철

제 1 부

나는 왜 사는가

● 서문

제2부

가을 찻잔에

제 3 부

산동네

제 4 부

파도의 나래 짓

제5부

무인도에서 피는 꽃

제1부

나는 왜 사는가

나는 왜 사는가

존재도 모르는
허영의 세상 살리
공간에 두고

내가 누구라고
소리칠 곳도 없이
지고 온 괴나리봇짐 풀 곳도 없다

그래도 세월은
목적지도 없이 바쁘고
존재는 시간의 눈치를 보며
오리무중 하늘에 뜻으로
안개 뒤에 숨었네

채송화 꽃이 된다

찬란한 저녁노을이 물드는 강변
소 몰고 오는 아이 황소 같은 꿈을
고삐처럼 말아 쥐고
저녁연기 피어오르는 마을
이랴 쩌쩌 앞 개울 건너오면
밥 익는 내음 허기져 올 때

안마당 분꽃이 저녁 나팔을 불고
옹기종기 모여앉은 채송화는
담 밑에서 군침으로 입맛을 다시면
대청마루 밥상머리 둘러앉은 동생들은
채송화 꽃으로 핀다

가지에 물오르는 소리

곡기 끊었던 나무들이
회귀하는 가지마다
물오르는 소리
겨우내 굶주려 정신 몽롱한 새가
가지에 앉아 갸웃갸웃
눈 녹은 도랑물 소리인지
헷갈리고 있다

겨울잠 자던
우수 경칩이는 덜 깬 동잠으로
어리둥절 두리번대고
앞개울 버들강아지만
봄이 오는 기척소리 알아듣고
꼬리치며
살래살래 설레이고 있다

울다 웃는다

꽃꿈이 아롱대는
세상을 남겨둔 채
하얀 꽃눈이
폭죽처럼 터져 내리는 세상에서
주름진 백발이 밉다고
왕따 당해 쫓겨온 삶이
거울 속에 허수아비로 남아
폐허의 들판에 바람의 종은 울리고
해후의 웃음은 마른 꽃대로 질펀히 누워
안갯속에 오리무중 미래를 움츠리다
하늘에 노여움으로 들키고

어둠에서 양지를 바라보던
가슴 답답한 기침 소리
떼로 몰려
떼거지 시위를 해도 새벽은 아직도 멀고

진실은 사기당해 설한풍에 발가벗고 헤매는
인정 없는 세상에 숭고의 존재는 얼마나 고귀하려고
설운 눈물에 바닷물을 섞었을까

이승 땅 세월에 발자국 소리를 세던 숨소리가
초침 소리를 먹고 사는 맥박 소리 따라가는
까닭 모를 세월에
저승사자가 잡아간 목숨
마른 풀잎 숨소리가 썩을 적

어젯밤 못다 슬픈 별들의 눈물이
하얀 눈으로 내릴 때
눈 위에 발자국처럼 떠난 이름 부르다가
왜 혼자가 외로운지
혼자 우는 게 독수공방이란 걸 알고부터
이것도 사람 사는 세상이려니 하고 울다 웃는다

겨울비

가을이
새 떼처럼 몽땅 날아간 자리
혼자여서 슬픈가
훌쩍훌쩍 겨울비 우는소리

산사도 외로워서 슬픈가
서럽게 우는
비에 젖은 풍경 소리

사십구재 혼령이
대숲을 지나가나
훌쩍훌쩍
흐느끼는 밤빗소리

망태기 으쌰 지고

하늘에 달빛이
바다 멀리
물 위에 어리면

하늘의 불침번 북극성은
구름 뒤에서 숨바꼭질하고

바다의 초병 등대는
무인도에서 술래가 되네

구름 사이로 술래가 별을 찾아
북극성이 별똥별로
별을 헤던 동심의 나라에 떨어지면
망태기 으쌰 지고
별똥별 주우러 퍼뜩 가야지

네 품속처럼 불어라

바람이 부는 날은
마음도 바람이 불어서

마음이 바람 불면
외로움이 낙엽처럼 떨어지고
고독은 낙엽처럼 흩어지네

여인 같은 가을아
오늘은
네 품속 같은 바람만 불어라

산국 향기

가녀린 작은 얼굴로 뿜어내는
천지를 진동하는 산국 향기를
허공을 휘젓는 바람이
저녁노을로 하늘 가득 채우면

호젓한 골짜기
새소리 쫓던
청아한 계곡 물소리
산국 향기 만나러 노을 속으로
저녁연기처럼 피어오르네

어떤 목숨 잡으러 가나

저승사자 헛기침 소리에
잎새들은 기절초풍으로 떨어지고

삭풍이 몰아치면
자식 버린 슬픔에
서러워 윙윙 허공을 치며 울어대는
나뭇가지 위로

매서운 눈보라 휘날리는
삭막한 들판에
풀잎들에 숨소리가 얼어붙고

풀벌레 울음소리는 죽어
풀잎 거적때기 덮어 놓은
썩은 내가 눈 속에 묻힌다

엄동설한 저승사자 지나가는 칼바람 소리
오늘 밤은 어떤 목숨 잡으러 가나

고운 순정

맑은 날
맑은 바람으로 찜통 가슴 씻었더니
온통
파란 하늘 가을이더라

파란 하늘
눈짓으로 끔쩍끔쩍 삼켰더니
바다로 물든 가슴
파도처럼 출렁대더라

갈매기처럼
노래하며 하늘을 날더라

착한 너를 따라갈 일이다

인생은

강물
너를 따라갈 일이다
맑고 청아하고
부드럽고 순한 너는
태산 같은
산과 바위가 가로막아도
부딪침이 없이 탓하지 않고
어디든지 돌아 돌아가는
착한 너를 따라갈 일이다

오늘은 저녁 강도 울며 흐를 일이다

나이 먹은 날들은
자주 외로운 날들이다

때론
아주 많이
울고 싶은 날들이다

바닷새가 입 벌리고
바다를 다 삼켜도
모자랄 일이고

샛강에 저녁 물새가
하루를 슬피 울어도
못다 슬플 일이다

오늘은
저문 바람에
내가 못다 슬플 일이고
강물도 못다 울며 흐를 일이다

명절

내일은 명절
시장에서 제물을 사 들고 온다
늙은 부모의 숨결이
벌써 명절 쇠러 뒤를 따라온다
세월이 갈수록 더 애절한 그리움이
발길에 눈물로 차일 때
차례 상에 오를 생선들이 끝 숨으로 파닥거린다

저승 땅 햇빛이
피고 있는 꽃대를 말릴 적
이승 땅
떠난 이들의 숨소리가 가쁘다

산 넘고 물 건너
어릴 적 고향땅 슬픔 담아
마른 눈물로 차례를 지낼 때
가난해서 슬픈 명절
어머니 수심가 소리에
떡가루처럼
그리움으로 눈이 내리더라

전어 먹으러 천 리를 가네

산동네 구절초 향기가
가을 전어 먹으러
이리 갈까 저리 갈까
바람에 흔들리고 있다

산국 향기는
노량진 수산 시장으로 갈까
자갈치 시장으로 갈까
천 리 길을
망설이고 있다

아직 못 떠난
진동하는 구절초 산국 향기에
산동네가 흔들리고 있다

어떡하지 아픈 저 꽃

어떡하지
꽃이 아프게 지는데

봄꽃의 아린 이별이
눈물 마르기도 전
찬 서리 모진 바람 불어올 텐데
천진난만 웃고 있는 코스모스 저 꽃

어느 날 밤
불청객 저승사자에
잡혀간 목숨
핸드폰 사진 속에 숨이 끊긴 너
죽음도 행복인 양
웃고 있는 너

본체만체하더니

어제 피던 꽃이
오늘 지고

어제 웃던 꽃이
오늘 우네

누구를 만나러 왔다가
못 보고 가는 저 꽃

어제 들길에서 만나
그리도
본체만체하더니
꽃이 기다리던 사람 나 말고 누구였을까

코스모스와 꽃순이

코스모스 야유회에
예쁜이들이 모여
하양이 빨갱이 분홍이가
바람에 수다를 떨면

이웃집 꽃순이가 찾아와
서로 예쁜 척 얼굴 자랑에
찰칵 인연 한번 맺고
돌아가는 등 뒤에서
쑥덜쑥덜 또 수다를 떤다

꽃순이는 집에 와서
사진 보고 제가 더 예쁜척했다

제2부

가을 찻잔에

말간 하늘이 무너질까

말간 하늘이 내려앉을까
바지랑대로 소롯이 받쳐놓고

바람 부는 쪽으로
가을이 빠져나갈까 처 놓은
새 그물에
하늘 귀퉁이 철새 도래지
하얀 구름 섬 하나 걸리면
철새 되어 날아가 본다

혹여
내 그리움이 사는 무인도라면
더도 말고 얼마쯤이나 살아볼까
기러기 한 백 년에

잡소리

바람 부는 날은 가슴이 펄럭거리고
비 오는 날은 마음이 척척하다
떠난 것들은 돌아오지 않고
돌아온 것들은 언제나 떠날 준비를 한다

어제는 죽고
오늘은 살았나
아침밥은 막창으로 쪼륵쪼륵 흐르고
점심 먹은 한나절이 숨을 쉰다

꿈을 줍다가
현실로 자빠진 상처는
가슴이 깨져서 울고
마음은 코피 터져 운다

까만 밤 세상 몰래
저승사자 지나가나
이웃집 개가 엉터리로 지져대고

텔레비전은 세상을 잃어버린
누구의 이야기를 저리 혼자
구시렁대나

내 멋대로 못 가는 시간
제멋대로 가는 세월아

가을 찻잔에

가을 찻잔에
단풍잎이 떨어지면 가을 맛이다
가을 맛을 마시면
가슴에 단풍이 물들고
가슴이 물들면
어느 꽃잎의 슬픈 편지가
빨간 단풍잎으로
차갑게 떨어진다
외로운 찻잔에 울며 떨어진다

풀벌레 수심가 한 소절
가을 찻잔에 울며 떨어진다

사랑방 집 제사

눈보라 휘날리는
동네 사랑방
이야기책 소리 핑계 삼아
마실 꾼 모여들고

염두에도 없는 얘기책 소리에
밤은 길어지고
안집 제축(祭祝) 읽는 소리에
군침만 넘어가네

상향 소리 끝나고
얘기책 소리도 끝나고
제사떡 막걸릿잔에 싱글벙글

섣달 초하루
사랑방 집 제사는
동네 사람이 다 아는 잔치다

별똥별이 떨어지는 밤

심심한 언어가 두런거리면
눈치 없는 고독은 구시렁대고
쓸쓸한 푼수는 외로움을 데려왔다

하늘 가득히 별이 빛나는 밤에
하늘은 멀리서 달을 삼킨 구름에 흔들거리고
구름은 바람에 흔들리며 가는데
지고 가야 할 오늘에 삶은
힘에 겨워 끙끙거리고
요람지로 별똥별 주우러 간 아이는
아직 돌아오지 않고
늙은 허무만 빙글빙글 도네

이정표가 있어도
외발 짚은 가로등은
나그네 팔자가 아닌지
술 취한 아리랑 곡조만
방향감각을 잃어 헷갈리는 심연

오동잎이 떨어지는 밤
별똥별은
어디로 두런대며 떨어질까

너의 품속

너는
그리 예쁘더니 꽃이었고
그리 아름답더니 절세 미인이었구나

그리 곱더니 너는 님이었고
향기에 취하고 보니
너의 품속이었구나

코스모스 꽃

봄꽃 피던 자리 여름꽃 피고
여름꽃 피던 자리
코스모스 꽃이 가을로 피었네

하양 빨강 분홍
동구 밖 길에도
논둑길에도 기찻길에도
억수로 피어놓고

오가는 손님
셔터 소리
영화 촬영 바쁘다
가을 농부 마음처럼 바쁘다

꽃 시가 된다

어느 날 들길에서 꽃을 만나
예쁜 웃음에 반해
너를 어떻게 가질 수 있냐고 물었더니

꽃이 하는 말
시를 쓰라 하네
시를 쓰면
당신이 사랑하는 전부로
당신 가슴에 꽃이 되어
꽃이 져도 피어 있는
영원한
꽃 시가 된다 하네

달빛도 시인이 된다

바다가 보이는
꽃동산 한 켠에
팔각정 풍광이 근사하다

누리에 꽃동산을 수놓은 바다가
윤슬로 출렁다리를 놓고
찬란한 노을이
천리향 꽃 내음 따라
꽃구경을 하러 나선다

어제는 신선이 와 시 쓰다 갔다는데
오늘은 내가 신선이다

밤이면
꽃 새가 울고
정자에 걸터앉은 달빛도 시인이 된다

술이 인생이더라

날마다 하루도 빼놓지 않고
소주를 한두 병을 마시는 친구가
어느 날 갑자기
중환자실로 갔단다

술 테도 없고 말수도 없던 그 사람
건강 걱정 죽음 걱정
들어본 적 없다

서예 학원에서 묵향에 취해
세상 시름 내려놓고
날마다 술 하고 무심히 살았다

그게
세상 살리
허무로 돌아가는
허허로운 풍경이더라

날 부르다 날아간 새

뭘 기다리나
오지도 않는데
8월이 다 가도록

그리움이 부르네

아침 창가에
날 부르다 날아간 새

강은 그냥 거기

강은 언제나 그 자리에 있다
물은 흘러가면 채워지고
다시 채워가며
강이라 이름 지어 주어
강은 그냥 거기 있다

봄이면 꽃을 드리우고
여름이면 푸른 실록을 담고
가을이면
오색 단풍을 수채화로 그려 넣고
겨울이면
옷 벗은 산과 나무를
꽁꽁 끌어안고
엄동설한 모진 설움같이 울고

자고 나면
아침 윤슬이 반짝이고
저녁이면
노을빛 눈부시게 내게로 온다

강은
세상 풍경 윤회로
내가 볼 때만
늘 거기 있다

음악은 흐르고

아침 햇살 쏟아지는
앞 개울물에 반짝이는 윤슬이
피라미 떼 팔딱거리는 건반 위로
음악은 흐르고

맑은 날씨
일기예보를 지저귀는 새소리에
신바람 쫓아가는
기분 좋은 앞 개울 물소리 따라
오늘을 달리는
자가용 빠방 소리로 뻥 뚫린 세상

하늘비
카톡 방으로
세상 사는 웃음소리
뻔질나게 가슴을 드나들어
마음이 환하다

못다 한 사랑

꽃들이
아름다운 세상
못다 웃고 진다고
어제를 못다 울은 쑥국새
오늘도 우네

어젯밤
별을 다 헤이지 못하고
지는 새벽달

어제를 못다 사랑한 해가
오늘을 사랑하러
동녘 산으로 돌아와
오늘을 끌어안고 미소 짓고 있네

어제를 사랑하려다 못한
오늘
나는 누구를 사랑하나

밑 빠진 독

고독을 긷는 달빛은
귀뚜라미 소리를
바가지로 가슴에 퍼 붙고

서글픈 추억을 줍던 바람은
외로운 심연에 허우적대다가
밤바다로 나가
파도 소리
무진장 가슴에 퍼부어도
밑 빠진 독으로 새고

고독을 긷는 달빛이
바가지로 퍼부은
귀뚜라미 소리만 가득하다

제 3 부

산동네

산동네

봄이고 싶은 봄 처녀
연분홍 치마에
봄 노래 훌라 춤추고

분홍빛 갈아입은 바람이
떨어진 꽃잎 물고
봄볕 쪼는
비둘기 떼를 날리면

높은 가지에
쑥국새 처량한 소리
꽃잎처럼 떨어진다고
걱정도 팔자인 늙은이
구시렁대는 산동네

뒷짐 진
앞산은 쳐다보고
뒷산은 내려다보고 있네

바지랑대

바지랑대가
빨랫줄 치켜들고
가을을 보송보송 펄럭이면
널어놓은 바짓가랑이
파란 하늘을 걸어가고파
바람에
제자리 헛걸음만 치는데

밥 짓는 아궁이
부지깽이로 두들겨 맞은 연기는
파란 하늘로
걸음아 나 살려라
겅충겅충 잘도 도망가네

사과나무

순진한 사과나무 아가씨
심술궂은 삼복이 놈이
여름내
귀찮게 찝쩍대다 가더니

뜬금없이 나타난
불청객
호사한 멋쟁이
가을바람에
수줍어 얼굴 빨개졌다네

시 때문에 사는 세상

시가 생사를 넘나드는
시련을 넘어
탱자나무 울타리 뚫고 나와
가을 하늘을 보니
자비로운 부처님 얼굴이 보이고

써 놓은 시로
언어 수행 마음을 닦으면
고통과 시련의 폭풍은 사라지고
맑은 바람
파란 하늘에 새처럼 날더라

가슴으로 피는 꽃

사랑은 가슴으로 피는 꽃이라
가슴으로 피는 꽃은
가녀린 꽃이 슬플 때마다
사연이 아프더라

한번 가슴에 피면
시들지도 지지도 않고
무진장 그리워서
시리게 아픈 가슴
달빛에 내려놓고 별빛으로 덮어도
낮이나 밤이나
무조건 미친 사랑이더라

지우고 지워도
아프고 아파서
참 많이 아리게 아픈 사랑이더라

삼복 달

옛날 옛날 한 옛날에

산동네 앞 개울 물에
낮에는 천진난만 아이들이 미역 감고
저녁이면 철벅철벅 여인네 미역 감는 소리

삼복 달도 훌렁 벗고
미역 감는 소리에

발가벗은 별들도 달박달박
천진난만 아이들처럼 미역 감는 소리

밤바람이 훔쳐보다 가네

새벽 강물

어둠의 문을 열고
들어선 새벽 강물

밤새워 허기진 어둠을 안고
해장술 한 잔 그리워서
물에 비친 새벽 샛별이
초롱불 걸린 주막집인 줄 알고
들렸더니
님도 없고 술도 없고

잠 깬 새벽 새가
해 뜨기 전
어서 가자고 조바심 나게 울면
아스라해가는
은하 별빛 따라
발길 재촉하는 새벽 강물

여름밤

열 받은 열기
불쾌지수 성질나서 잡아끌고
강가로 나가
너 죽고 나 죽자고
강둑에 질펀히 누웠더니

풀벌레가
너만 죽고 나만 살겠다고
밤새도록
목놓아 울어주네

행복은 어디든지

창밖에는
소나무 가지 위로 흰 눈이 팡팡
시름없는
자유의 마음이 내리고

응접실에는
커피 물이 뽀글뽀글 끓는
평화로운 침묵의 공간에

행복이 숨어 있는 것 같죠
아닙니다
커피를 마시며
눈 내리는 풍경만 봐도
아름다운 어느 미인에 미소만 생각해도
행복은 눈앞에
마음 앞에 있습니다

스마트폰 속 봉선화

봉선화

원래 네 조상은
울 밑에서
보릿고개 넘느라
보리 방귀 뀌며 처량하게 살았지

옹기 자배기
돌멩이로 보리쌀 닦던
봉선화 꽃물 든
누이 빨간 손톱처럼 불쌍하게 살았지

하지만
누이는 거짓말처럼 늙고
거짓말처럼 신비로운 세상에

너는
빨갛게 눈부시도록
스마트폰 속에서
호사한 봉선화 꽃이 되었지

배롱나무꽃

절 마당 계단 아래
늙을수록 젊게 피는
배롱나무꽃이
법당 촛불보다 환하다

계단 오르던 보살님 얼굴이
부처님 얼굴만큼 환하고
지나가다 향기 머금은 바람도
잠시 걸음을 멈추고
배롱나무 꽃술에 환히 미소 짓는다
세월마저 머물러 주춤거리는 자리
분홍빛에 마음 부셔
가슴까지 환하다

풀꽃 향기

운동 삼아
아침 길 나섰더니
발길에 차이는
이슬 젖은 풀꽃 향기
눈짓으로 끔쩍끔쩍 담아다가
응접실 탁자 위에 올려놓고
커피 한잔 마셨더니
응접실에도
온통
풀꽃 향기 지천일세

심심한 밤

참 심심한 밤이다
끄적이던 글 나부랭이들은
재미없다 옆에서 저만 코 골고
빈방으로 우글대는 상념들
그중 보고픈 그리움 하나 만지작거리다
내려놓는다

꽃향기는 천 리 밖 그리운 이를 찾아 나서고
내 그리움은
천 리 밖 초롱불 들고
마중 나오는 여인을 생각한다

싱숭 맹숭 감은 눈 속으로 헛 별이 뜨고

먹다 남은 술을 찾다
입 벌린 빈 병이
비아냥으로 나를 삼킨다

고향 떠나온 아파트 골짜기
서성대는 가로등 불빛은 누구를 기다리나

밤하늘 별을 헤이다 떠난 아이는
언제쯤 돌아올까

수호신

살아있는 나무일 때부터
너의 소원은
하늘을 나는 꿈이었나 보다

너의 넋은
죽은 나무 장대 위에 앉아서도
하늘을 나는 새가 되어
눈이 오나 비가 오나
솟대 솟대 울어도
아무도 네 소원을 모른다

오는 사람 가는 사람 붙들고
울다 울다
끝내 날지 못하고
서낭당 수호신이 되었구나

밤마실

옛날 옛날 한 옛날에
호랭이 담배 먹던 시절에
가로등도 없는 까만 밤을
하얗게 지우는
백설이 내리는 동네 사랑방
새어 나온 등잔 불빛
이야기책 소리 낑낑 듣고
눈길 밟고 가는 발자국 소리에

건넛마을 개 짖는 소리
이야기책 소리 들으러
밤마실 온다

7월의 아침

7월의 아침
짹 짹 짹
아침 참새 나를 부른다

잠 깬 풀벌레 소리
아침 이슬 털며
산책하는 동산으로

바람에 떨어진
풀꽃 향기 주우러
퍼뜩 가잔다

제 4 부

파도의 나래 짓

정치 양아치

한 명 두 명 세 명
또 정치 양아치 또 하나 생겼다

국민 세금 빌어먹는
넝마주이 하나 생겼다

국민이 버리면
돌아설 줄 알아야지
정치 문전 왜 기웃대나
거지처럼

파도의 나래 짓

갈매기
주인 없는 뱃머리 앉아
무심히 바다를 바라본다

날아도 날아도
제자리 파도의 나래 짓
보다보다 답답한 갈매기
뱃머리를 날아
바다 위를
이렇게 날으는 거라고
폼 나게 뽄때 나게 날았다

풀꽃

길 가다 우연히
이름 모를 잡초꽃
나 같이

이름 없이
세상 살아가는 서러움에도

꽃은 나같이
피고 지나니

그만둘 만큼 살았다

한 일생을
어린 삭신
어깨가 부서지도록
무거운 짐 지고 살았다

한 세상을
서러운 눈물 어리도록
슬프게도 살았다

이것저것
황홀한 세상
고무풍선처럼 허공을
둥둥 떠다니며 살았다

한순간
좋은 인연 만나
꽃길을 걸어가며
떠나지 않는 일념
행복한 꿈도 꾸며 살았다

이쯤이면
좋을 만큼 좋았고
그만둘 만큼 살았다

9월 어느 날 비

비가 오려나

오늘 해는
뭐가 삐져 인상 잔뜩 찌푸리고
오늘이란 놈은
아침부터 골이나 말도 않네

찌푸린 놈과 골난 놈을
달래던 바람이
하늘 천기를 올려다보다가

새들이 지저귀는
일기예보 듣다가

해가 돌아오지 않아
고개 오여 빼고 눈물 찔끔대는
해바라기를
살살 달래고 있네

시인이란 그대 이름

내가 시인이 될 때보다
더 좋은 시인이
시로 하늘 높이 나는 밤

시의 도래지에
보름달 떠오르면
계수나무 베어 초당집 하나 지어놓고

그대 오시는 밤에
불 밝히는
금강초롱 줄줄이
연등처럼 걸어 놓으면
별처럼 빛나는 언어들이
기러기 떼처럼 날아오는
시인이란 그대 이름

반짝 빛나는 새벽 샛별 하나

으스름달밤

목련꽃 지는
으스름달밤
눈물 젖은 달무리

눈물
한 방울
새벽 샛별이
동녘으로 떨어지네

목련 꽃잎 하나 울며 떨어지네

자존심 비우고

나는 가진 것도 배운 것도 없어
세상에 잘난 체 한번 못하고
머리 숙여
땅만 보고 살았다

높은 하늘
제대로 한번 못 올려다보고
수수 모가지처럼
고개 숙여 발걸음만 세며 살았다

줄줄이 감옥 가는
잘난 대통령
올려다본 적 없다

성공하면 도둑놈
실패하면 양아치
올려다본 적 없다

산나리꽃

산나리꽃
주근깨 덕지덕지
거울 없어 제 얼굴 못 본다
호젓한 산속
아무도 말해 주는 이 없어
혼자서 저만 이쁜 줄 안다

박색 미인 산나리꽃

둘레길

도시공원 둘레길
6월 장미가
미치고 환장하게 예뻐
햇빛이 뽀뽀하려다
가시 때문에 돌아앉고

지나가는 바람이 품으려다
가시에 찔려 달아나네

장미꽃은
반항심 많은 여자 마음
좋아도 싫어요
예리한 가시로 뿌리치다가

고적한 밤이 오면 후회의 눈물
달빛하고 울었지
별빛하고 울었지

공주군 덕곡리

눈 위에 하얗게 아스러지는 달빛
바람의 노래가 마음 시리다

뒷동산 부엉이 우는소리에
소름 돋는 달빛 타고
삼십 리 길 먼 예산 읍내
첫 새벽 기적소리 울면
이웃집 흥덕이 아버지
숯 짐 지고 예산장 간다

태산 같은 오지재 고개 넘어
숯 한 짐 팔고
막걸리 한 사발로 허기를 채우던 시절

거짓말 같은
1950년대 공주군 덕곡리
애를 낳으면 하도 죽어
지은 이름
부뜰이 개똥이가 태어난 동네

거미그물

허공에 그물을 친다
날아다니는 고기가 잡힌다
평 그물에

거미는 오늘도
평 그물 어부가 된다

비 오는 날에는
옥구슬을 꿰는
보석상이 된다

사람이 못 하는
신비스런 재주로

허탈새

폐허가 된 청춘극장 골목
낡은 간판 아래
흘러간 노래가
헌털뱅이 늙은 가슴을 더듬네

어찌 여기까지 왔을까
건너다보니 절터이고

오래된 어린 육신
줄달음치던 생애
허둥지둥
층층 계단 올랐는데
절망으로 돌아선 남루한 육신
꿈인 양 아쉬움 생시이다

어데로 갈까나
허탈새 허탈새
허공으로 날아간 허탈새

곤두박질치는 시간

하루가
곤두박질치는 시간
찰나를
렌즈로 포착하려다 실패하고
도망치는 시간을 잡으려다
놓쳐버렸는데

엊그제
숨소리로 시간을 세던 사람
초침 소리를 세던
맥박 소리도 놓고 갔다

처량한 상념들이
시간을 먹고
숨 쉬고 있는 야심한 밤

꿈에서 본 그 사람
꿈의 세상
어디쯤 가고 있을까

병 나은 웃음

하늘이 밤 문을 열고
아침을 나서면

해 뜨는 나라에
눈 비비고 일어난 하루가
아침노을 곱게 차려입고
눈부신 길로
마음 부시도록 가는 길에

설레는 오늘 하루가
새로 산 차 시승으로 달리듯이
병 나은 웃음처럼

제 5 부

무인도에서 피는 꽃

앞산

앞산이
부시시 눈 비비고 일어나면
아침 새
짝 부르는 소리
짝꿍짝꿍
먹거리 찾아 바쁜 시간

하늘이 문을 열고
아침 햇살
웃음보 터지는 찰나
앞산이
아침 햇살을 먹고
하하하 웃고 있다

누구든지

누구든지
처음이 서투른 것은
부끄러움이 아니다
못 해야 잘하게 되고
서툴러야 익숙해지는 법

누구든지
못 했다고
네 탓 내 탓할 게 아니고
자꾸자꾸 연습하면
익숙해지는 법

무슨 일이든
3년을 해야
어렴풋이 알게 되고

5년을 해야
조금 익숙해지고

10년을 해야
노련해지는 법

무엇이든
10년도 못 하고
나 잘한다고 깝치지 마라

인생극장

밤을 품고 있는
세월의 보금자리에서
깨어난 시간
오늘도 서툰 걸음으로
어설픈 꿈을 찾는다

매상의 꿈이 둥둥 떠도는
시장 골목
낯선 손님들이 들락날락
어설픈 꿈을 흘리고 간다

택시 기사들은
자판기 앞에서
어설픈 꿈을 마시다
낯선 손님 하나 싣고
어디론가 신바람으로 달리고

가게 앞을 그냥 스치는 사람
어디로 비밀 걸음 무진 바쁘다
앞집에서 물건 사는 손님
내 가게 안 들리고 그냥 간다

욕심 못 채운 매상 들고
돌아가는 가로등 길
하루의 지친 몸을
술로 푼 막가다가
흥얼흥얼 따라간다

사람 살리
어제도 오늘도
마음 아픈 인생극장이다

무인도에서 피는 꽃

무인도에는
외로운 꽃들의 유배지
하늘에 무릎 꿇고
속죄의 꿈을 예쁘게 피워 놓고
언제쯤 기다려도
지금쯤 아무도
어디쯤 오지 않는다

허구한 날
육지만 바라보다
허송세월 울다 지는 꽃

그래도
어김없이 피고 지다가
찬 서리 매서운 바람에
서럽게 죽어간 시체들이
풀잎 거적때기 덮고 누운 섬

낮에는
갈매기 조문객들이 울다 가고
밤이면
조상 온 파도 소리
밤새도록 울고 있다

등댓불이 없어
달빛 별빛은
더듬더듬 찾아오다
바람이 어두워 넘어진 자리에서
같이 울고 있다

눈과 마음

손가락 두 마디도 안 되는
사람의 눈은
하늘과 바다를
통째로 담을 수 있고

두 뼘도 안 되는 가슴은
하늘과 바다를 펼칠 수 있는 마음이 있다

우리 야
서로 끼리
눈으로 담은 세상
마음으로
하늘처럼 바다처럼
펼치며 살자 야

저녁 강물

하루를
강물 위로 달음박질하는
바람의 발자국 넘실대면
명멸하는 별빛들이
몸을 씻고 다이아몬드로 환생하는
별천지 동화 속의 눈부신 나라

서산이 저녁밥으로
하루해를 삼키려다
뜨거워서 토해놓은 붉은 노을
초승달이 실눈 뜨고
바라보다 놓쳐버린 하루

긴 두 다리 물속에 말뚝 박고
긴 목 치켜든 황새 한 마리
작살 하나 부리에 이고
찰나에 숨죽이고 있다

숲속의 요정

숲속에
건축 예술 조각품 하나 서 있다

그 집에는
물소리 바람 소리 새소리
세 식구가
여기저기 산꽃 보러
들락거리며 산다

밤이면
달빛 밟고 밤마실 온 별들이
갈 수 없는
해 뜨는 나라의 그리움
도란도란 이야기하다 간다

비 오는 날이면
숲속에 요정 카페에는
그리움과 추억이

마주 앉은 찻잔에
애끓는 사랑 하나
전설처럼 모락모락 피어오른다

소녀의 봄 꿈

언덕 위에 하얀 집
나들목으로
아지랑이 걸어오면
아리따운
소녀의 꿈이 아롱거리고

꽃의 웃음소리
향기로 들려오면
소녀의 봄 꿈이
꽃을 찾아
나비처럼 날으네

진달래

눈 녹은 바람이
가슴을 파고들면
못 견디게 마음 먼저
봄나들이 나가네

봄 내음
산들바람에
초록빛으로 익은
봄나물 뜯어다
입맛 나게 먹었더니

가슴이 먼저
온통
진달래 꽃물 들었네

밤 일기

집도 있고
먹을 것도 있고
마누라도 있고 자식도 있는데
혼자 사는 팔자

나만 위한 여생
자유스러운 팔자를 위해
다 버리고 비우고 나니
사는 게 사는 건지
세상이 다 잠이든 밤 혼자 앉아
먼 옛이야기
내가 이야기하고 내가 듣는다
전등불이 까만 밤
까만 가슴에 까만 블랙커피를 마시고
까만 마음이
까맣게 타 버린
글쟁이의 외로운 밤

어차피 인생은 외로운 것이라서
늙은 가슴에 장대비같이
퍼붓는 외로움
술이나 한잔
가슴에 퍼 붙고
수심가 한 소절 부르다가
슬픈 내가 싫어져서
울다 웃는다

컴 창에 개미 떼 득실거린다
혼란스러운 석두 머리
빈혈로 세상이 빙빙 돈다
세상을 돌리는 풍차
세월도 돌고 계절도 돌고
바람도 돌고 나도 따라 돈다

희망이란 게 없어
갈 곳이 없다

그래서 방랑을 하나
어디론가 목적 없이
집시처럼 떠돌고 싶은 방랑
머물고 싶은 곳도 없고
그리운 이도 없다
내가 살아온 늙은 재산
괴나리봇짐 풀 곳도 없다

창 넘어 불빛이
나처럼 외로워
잠들지 못하고 울고 있다
나도 같이 울어버릴까
슬픔이란 슬플수록 더 슬퍼져서
내가 나를 더 슬프게 한다

옆에 펴 놓은 침구가
앉은 어깨너머를 기웃대며
내 눈치를 살핀다

잠은 관심도 없는데
어쩌자는 건지
깔고 덮고 벙어리 침묵만 누워 잔다

등 뒤에서 시곗바늘이
무엇을 찾는지 나를 본척만척
두리번거린다
잃어버린 세월을 찾는지
밤새도록 매방아처럼 돌고 돈다

컴퓨터는
흐리멍덩 졸다가
개미 떼 언어들은 기러기 떼처럼 날아가고
새벽 전동열차 떠나는 소리
달나라 가나 별나라 가나
진작 승차 못 하고 놓쳐버린 시간

창 너머로 가로등이
멀뚱 말뚱 새벽길을 걸어가면
갈 곳 없는 나그네 방으로
먼동이 터오고
졸음 겨운 전등불이 눈을 감으면
이제사 아침 꿈길을 떠난다

무루지 연꽃

시인이 되고부터
마음을 닦는 수도승이 되었네

탐욕스런 깊은 시름
맑은 언어로 닦고 닦아
고해스러운 번뇌 망상 해탈하고
시를 염불하는
수도승이 되었네

구름을 비운 하늘에
꽃 피네 꽃이 피네

무루지(無漏智)
연꽃이 피네

개나리 꽃짐

동구 밖 산모랭이
아지랑이 걸어온다

빙판길 지나온 바람이
개나리 꽃짐 지고
서낭댕이 징검다리 건너오면

앞 개울
버들강아지
낯익은 손님인지
짖지도 않고
살래살래 꼬리만 치네

소녀 천사의 노래

어젯밤 꽃잎이
연못에 비친
별을 그리워하다
꽃잎들이
연못으로 탐방탐방 떨어지면
동글동글 파문 위로
피아노 선율처럼 펴져가는
소녀 천사의 노랫소리
물 위에 동그라미
그리고 또 그리네

아침 참새

201802040628분
모닝커피 맛에
잠 깨는 사이
아침 참새 카톡 소리

고대 춘 봉우리
입춘 노을 곱다고
아침 창문을 열라 하네

시는 달콤한 사랑

시 안 써진다고
날마다 우울하고
퉁명스런 시간
볼썽사납게 구시렁대다가

커피 향 피어오르는 찰나에
불청객 언어들이
감기 코 뻥 뚫리고

아
이거 시다
아
그거 달콤한 사랑이다

서해 바다 푸줏간

서해 바다 푸줏간

낚시쟁이
활을 쏜다

꼬부랑 화살촉에 맞은
산 고기 한두 근
활시위를 당겨
끌어올린다

산목숨
대 여섯 마리
절명을 펄떡거린다

후회스러운 시

나는 내 얼굴을 볼 수 없어
현재의 나를 모른다
잘 쓴 줄 알고 시집을 냈고
세상에 알린 뒤에야 비로소 거울을 보고
못생긴 내 본연의 모습에
소스라치게 놀라
휘청대고 넘어져 상처투성이인
가슴 아린 시인이다

모두를 회수하고 싶은
부끄러움
내가 나를 감당할 수 없어
몸도 마음도 싣고 천리마를 탔는데
말은 가지 않고
자꾸자꾸 뒤만 돌아보더라

황소 웃음처럼

삶은
오늘도 감기 코 막히고
막가다 피곤만 저문다
아리까리 저녁노을 물들다가
빠리빠리 골목길 어두워 가고

낯선 경사에 폭죽처럼
눈이라도 올라치면
먼 산에 바람 소리 가까워지고
낮에 숨었던 불빛은 창가에서
환하게 저만 웃는다
밤을 사랑하는 사내
죽자 살자 고독을 사랑하다
외로움에 지쳐 감기 코 막히고
마른기침 소리 가슴만 찢어진다

천 리 밖 등불 들고
마중 나오는 여인을 생각하는
내일의 미래가 비밀로 남아 있어
호기심으로 남은 희망
로또 당첨은 말고
감기 코 뻥 뚫린 시 한 줄 써졌으면

암소가 시집가던 날
황소 웃음처럼

정밀한 서정과 순결한 감성으로 숙성한 시혼(詩魂)의 미학

— 신영철 시집 『공간에 두고 가는 언어』 해설

최 병 영 (시인, 문학평론가)

1. 들머리 말

문학은 영혼의 숨결로 자아내는 고매한 예술이다. 문학에 있어 주요 장르인 시도 고도로 정제된 사유와 숙성된 언어에서 발효하는 형상물이다. 그러기에 신영철 시인은 제4집의 시집 제목으로 『공간에 두고 가는 언어』라는 다분히 사유적이고 철학적이며 현학적인 성격의 제목을 취택했으리라. 시는 심오하고 정서적인 형이상학적 정신작용의 상관물이다. 이는 처절한 고뇌와 절망에서 파생하는 정신활동의 이칭(異稱)이기도 하다. 시는 언제나 언어로 표출된다. 시는 감칠맛 있고 미려한 언어로 포착하여 형상화하는 고차원의 정신작용이다. 시로 포착하는 언어는 일상의 저변에서 몸부림치던 절규이며 가혹하리만큼 처절한 연민과 사랑의 감성으로 내면적 의미를 축적한 상처의 결집이다. 시인은 언어를 기반으로 시를 구상하고 언어를 도구로 하여 시를 창작한다. 그러기에 일찍이 실존주의 철학자 하이데커는 언어를 지칭하여 '존재의 집' 이라고 규정했다. 시어는 무한한 상상력의 발현으로서 사전적 의미에 창조적 의미가 투영되어 내재적 의미를 형성한다.

언어는 만민의 공유물이다. 인간은 누구나 언어를 수단으로 의사를 소통한다. 그러기에 참신하고 명징한 시어들로 충만한 언어창고를 가지고 있는 시인은 더할 수 없이 행복하다. 그런 시인은 풍성한 언어창고를 뒤적여 품격 있고 질감 높은 시를 창작할 수 있다. 그리고 그 시를 통하여 통시적 역사의 흐름 속에서 항구적으로 세인의 관심과 찬사를 받게 된다. 이들 언어는 견고하고 고착된 구조적 틀 속에 가둬 둘 수 있는 구상적(具象的) 물체가 아니다. 누구든 고상하고 품위 있는 언어를 향유할 수 있지만 이를 자기 소유물로 국한할 수는 없다. 필요한 만큼 충분히 활용하고, 사용이 끝난 후 가지런히 본래의 공간에 방목하여야 한다. 시어에는 멍에도 고삐도 없다. 그러기에 시어는 언제나 '공간에 두고 가는 언어' 로 자리매김 된다. 신영철 시인은 이러한 시어의 내면적 특성에 천착(穿鑿)하여 네 번째 시집의 제목으로 '공간' 이 지닌 의미를 중요시한 것으로 이해된다. 한 편의 시 창작을 위해 시인은 언어를 연금술사처럼 능란히 부릴 수 있어야 한다.

평자(評者)는 지난날 신영철 시인과 수차례 문학기행을 가진 바 있다. 여행지 곳곳과 새벽녘 잠자리에서 홀로 명상에 잠겨 진지하게 시를 구상하고 필서(筆書)해 가는 그의 모습을 여러 차례 목도하였다. 신영철 시인에게 있어 시는 일상이고 생활이며 존재 자체로 보였다. 그에게 시는 자아상의 구현이자 삶의 주요 목적으로 인식되었다. 신영철 시인에게 시는 채송화 피는 뜨락에도 있고, 겨울비 질척거리는 산사에도 있고, 시장에서 제물 사 들고 귀가하는 길거리에도 있고, 삼복날 달밤에 미역 감는 시골 앞 개울에도 있다. 그런 면밀한 감성과 체험들이 오롯이 시로 형상화되어 제4 시집 『공간에 두고 가는 언어』의 내면을 구성하고 있으리라 여겨진다. 첫 표지를 열고 한발 제겨 신영철 시인의 작품세계로 들어선다.

2. 시작(詩作)의 부끄러움과 소멸된 풍속에의 그리운 향수

시는 인생을 탐구하고 표현하는 탐구적 세계의 예술이다. 시는 인간정신 중 고밀도의 사유와 언어의 총합으로 이루어진다. 시는 효율적인 의미전달과 더불어 대상을 구체적이고 생동적으로 표현하며 내면심리를 효과적으로 표현하는 기능을 갖는다. 시 창작을 이루는 세 요소는 시적자아와 시적대상과 언어이다. 시적자아는 주제를 효과적으로 표현하기 위해 의도적으로 설정하는 인물을 말한다. 시적자아는 시인이 자아세계를 확장할 수 있는 장치이다. 시인은 시적자아를 통해 시의 통일성을 이루고 일관성 있는 표현을 기하며 시의 배경 묘사와 작중인물에 대한 정보를 제공한다. 시인은 시적대상과 감정이입을 통해 면밀히 일체화 되면서도 때로는 일정거리를 유지해야 한다. 시적대상과 너무 근접한 지근 거리에서는 대상의 본질을 파악할 수 없기 때문이다.

신영철 시인에게 있어 시는 '참 오래 배울 일이고 오래 힘들 일' 로 규정된다. 시인이란 자리는 항시 '부끄러운 자리이고 배고파 우는 자리' 이다. 그에게 있어 '쉽게 쓰인 시들은 쓰레기통을 기웃거리고 낯 뜨거운 언어들이 쥐구멍을 찾는 자리' 이다. 그러기에 시인의 자리는 '참 많이 외롭고 고독한 자리' 이다. 그는 제4집으로 간행하는 시집 『공간에 두고 가는 언어』의 서문에서 자신의 시를 이와 같이 진단하여 규명하고 있다. 세상에 완벽한 시는 없다. 다만 완벽에 가깝게 잘 숙성된 시가 있을 뿐이다. 어찌 시인들이 자작시 앞에서 부끄럽지 않을 수 있겠는가. 사실 자작시 앞에서 환희와 충만감과 자만심을 가지는 시인은 없을 것이다. 자신의 시를 음미하며 만족감보다는 부끄럽고 부족함을 느끼는 것이 일반적 양상이다. 때문에 시인의 내면에 잠재하는 부끄러움은 결코 부끄러움이 아니다. 신영철 시인에게 있어 중요한 시적대상으로 각인된 추억의 시적제재는 명절날과 제삿날로 파악된다.

> 내일은 명절/ 시장에서 제물을 사 들고 온다/ 늙은 부모의 숨결이/ 벌써 명절 쇠러 뒤를 따라온다/ 세월이

갈수록 더 애절한 그리움이/ 발길에 눈물로 차일 때/ 차례 상에 오를 생선들이 끝 숨으로 파닥거린다// 저승 땅 햇빛이/ 피고 있는 꽃대를 말릴 적/ 이승 땅/ 떠난 이들의 숨소리가 가쁘다// 산 넘고 물 건너/ 어릴 적 고향땅 슬픔 담아/ 마른 눈물로 차례를 지낼 때/ 가난해서 슬픈 명절/ 어머니 수심가 소리에/ 떡가루처럼/ 그리움으로 눈이 내리더라

—「명절」 전문

눈보라 휘날리는/ 동네 사랑방/ 이야기책 소리 핑계 삼아/ 마실 꾼 모여들고// 염두에도 없는 얘기책 소리에/ 밤은 길어지고/ 안집 제축(祭祝) 읽는 소리에/ 군침만 넘어가네// 상향 소리 끝나고/ 얘기책 소리도 끝나고/ 제사떡 막걸릿잔에 싱글벙글// 섣달 초하루/ 사랑방 집 제사는/ 동네 사람이 다 아는 잔치다

—「사랑방 집 제사」 전문

누구에게나 추억은 고유하고 소중한 의미를 지닌다. 신영철 시인에게 있어 추억을 반추하는 중요 모티프(Motif) 중 한 요소는 그리움이다. 시적자아는 명절 전날 시장에서 제물을 사 들고 귀가한다. 시적자아의 발소리를 따라 명절을 쇠러 소리 없이 부모의 숨소리가 뒤따라온다. 눈앞에 어른거리는 어릴 적 고향녘과 부모에 대한 연민의 정에서 발현하는 환각이고 환청이다. 제삿날, 떡가루처럼 내리는 눈발을 뚫고 어머니의 구슬픈 수심가가 들려온다. 세월이 흐를수록 그리

움은 더욱 선연한 슬픔으로 시적자아의 내면을 지배한다. 현대사회는 능률과 효용성을 최대가치로 상정하고 이를 추구한다. 이 과정에서 자연스레 순착(順着)한 간편성과 편리성은 기존의 전통가치를 멸살하고 무시하기 일쑤이다. 그리하여 요즘에는 조상 묘에 대한 벌초 대행업과 명절날 차례상 차리기 대행업이 성업을 이루고 있고, 명절날 성묘도 생략하는 경향이 많아졌다. 명절날 조상에 대한 차례도 외국 여행 중에 마지못해 현지 식품을 차려놓고 형식적으로 치루는 가정이 많다. 그들에게 전통가치는 그저 번거롭고 복잡한 것일 뿐이다. 간편함과 간소함을 추구하는 현대인들은 신영철 시인이 보이는 명절에 대한 애틋한 정서와 부모에 대한 그리움, 아리고 슬픈 지난날의 감성을 되돌아보는 계기로 삼길 바란다.

예전, 우리 풍습에는 '단자(單子) 보내기' 라는 놀이가 있었다. 보편적으로 제삿집 음식은 나누어 먹는 것이 통상적인 시골 인심이었다. 한마을에 사는 시골 사람들이 이웃집 부엌에 숟가락이 몇 개 있고 밥그릇이 몇 개인지를 아는 것은 자연스러운 현상이었다. 오늘 밤엔 누구네 집 누구의 제사라는 것쯤은 다 알고 지낸다. 긴긴 겨울밤이나 배고픈 봄밤, 마실방이나 사랑방에서 모여 놀던 사람들은 속이 출출해질 때쯤이면 제삿집에 단자를 보냈다. 단자 갈 사람을 정하여 바구니를 들려서 제삿집으로 보낸다. 단자 간 사람이 그릇을 방문 앞에 놓고 '단자요' 라고 외치면 제삿집에서는 미리 마련해 둔 음식을 담아 내놓는다. 제삿집은 단자에 대비하여 음식을 많이 마련하는 것이 통례였다. 단자가 오지 않아도 알아서 동네 사람들이 모여 노는 마실방이나 사랑방에 제사음식을 보내기도 했다. 단자는 일종의 그 시대 유행하던 놀이고 장난이었다. 동네 사랑방은 마실꾼들이 소통과 정담을 나누는 광장이었다. 오늘은 사랑방 집의 제삿날이다. 눈보라 휘날리는 한겨울, 동네 사람들이 이야기책 소리를 핑계 삼아 사랑방으로 모여들었다. 촉각을 곤두세우고 안집의 제축문 읽는 소리에 집중하며 군침을 삼키는 마실 꾼들의 희극적인 정황이 까마득한 영상의 한 장면으로 또렷이 새겨져 온다. 섣달 초하룻날, 상향이 끝나고 막걸릿잔에 제사떡을 얻어먹으며 나누는 사랑방 손님들의 구수한 정담이 따뜻한 입체적 성음으로 연상되는 정경이다.

3. 맑고 투명한 시심(詩心)으로 조감하는 심미적 의식의 발현

시는 시인이 체험을 통해 얻은 진실을 언어를 매개로 하여 표현하는 창조적 세계의 진실이다. 시의 언어는 신선하고 생동적이며 창의적이어야 한다. 직설적이고 일상적인 언어의 표현을 극복하여 정서적이고 암시적인 시적표현으로 감정절제를 이루어야 한다. 본질적으로 시는 자아와 세계 사이에 화해를 도모하는 문학이다. 시는 순결한 영혼의 숨결로 결실하는 창작물이다. 시는 인간 삶의 내면을 직시하는 깊은 사유와 이해에서 비롯된다. 그리고 그런 작품이 시의 본령을 이루며 참된 가치를 지니게 된다. 시는 상상력으로 창조하는 심미적 의식의 발현이다.

신영철 시인의 정신세계는 맑고 투명하다. 그의 시는 화려한 기교나 수사를 동원하지 않고 이야기하듯 자연스러운 시어로 의미의 본질을 규명하고 해석한다. 시인은 시작(詩作)의 일련 과정을 통하여 순박한 시선으로 다층적 외부세계의 내면을 조감하고 이를 가치 있게 펼쳐놓는다. 시종 잔잔한 어조로 이야기하고자 하는 주제를 명징하게 형상화하는 과정을 보이고, 서정성과 유관한 소재로 육화(肉化)하는 과정에서 밀도 있게 실존적 자아를 투영한다. 그는 순수하고 순박한 언어를 결집하여 꾸밈없는 의식의 투명성으로 탈 작위적이고 순연한 자아상(自我像)을 그리는데 주력한다.

> 어느 날 들길에서 꽃을 만나/ 예쁜 웃음에 반해/ 너를 어떻게 가질 수 있냐고 물었더니// 꽃이 하는 말/ 시를 쓰라 하네/ 시를 쓰면/ 당신이 사랑하는 전부로/ 당신 가슴에 꽃이 되어/ 꽃이 져도 피어 있는/ 영원한/ 꽃 시가 된다 하네
>
> —「꽃 시가 된다」 전문

> 바다가 보이는/ 꽃동산 한 켠에/ 팔각정 풍광이 근사하다// 누리에 꽃동산을 수놓은 바다가/ 윤슬로 출렁다리를 놓고/ 찬란한 노을이/ 천리향 꽃 내음 따라/ 꽃구경을 하러 나선다// 어제는 신선이 와 시 쓰다 갔다는데/ 오늘은 내가 신선이다// 밤이면/ 꽃 새가 울고/ 정

자에 걸터앉은 달빛도 시인이 된다

—「달빛도 시인이 된다」 전문

시의 도래지에/ 보름달 떠오르면/ 계수나무 베어 초당집 하나 지어놓고// 그대 오시는 밤에/ 불 밝히는/ 금강초롱 줄줄이/ 연등처럼 걸어 놓으면/ 별처럼 빛나는 언어들이/ 기러기 떼처럼 날아오는/ 시인이란 그대 이름// 반짝 빛나는 새벽 샛별 하나

—「시인이란 그대 이름」 일부

나는 내 얼굴을 볼 수 없어/ 현재의 나를 모른다/ 잘 쓴 줄 알고 시집을 냈고/ 세상에 알린 뒤에야 비로소 거울을 보고/ 못생긴 내 본연의 모습에/ 소스라치게 놀라/ 휘청대고 넘어져 상처투성이인/ 가슴 아린 시인이다

—「후회스러운 시」 일부

아름다운 시는 그 자체로서 왕성한 생명력을 지닌다. 시의 행과 구절은 유기적 체계로서 다채로운 변용과 변주가 가능하다. 시의 전개유형은 시인의 개성과 역량에 따라 다양한 모습을 형성한다. 시 창작을 위해 시인은 부단히 번민하고 갈등하고 사유하며 결실을 위한 진통의 과정을 극복해간다. 시인이 시 창작에 있어 밀도 높은 함축성과 깊은 사유, 예지와 통찰력이 화학적으로 융합할 때 아름다운 시는 탄생한다. 겉으로 내보일 수 없는 감상의 편린들을 작품으로 정제하여 형상화하는 작업은 숙연한 일이다. 참신한 시는 항

시 구체성과 참신성, 선명한 이미지와 신비로운 여백의 공간을 잘 조율하고 창의적 언어로 깊은 내면의 의식을 결집해야 한다. 감명 깊은 시는 문학적 가치가 높고 함축적 언어, 비유와 상징, 철학적 정신, 운율과 이미지, 선명한 주제를 지니고 있다.

신영철 시인에게 있어 시는 만상(萬象)에 존재한다. 이는 꽃의 이름으로 사랑하는 대상과 일체화된 교감으로 작용하기도 하고, 달빛과 노니는 신선의 이미지로 구현되기도 한다. 보름달에 계수나무 한 그루 베어 초당집 지어놓고 새벽 별빛과 교류하는 대상이기도 하고, 감당할 수 없이 부끄럽고 후회스러운 상처투성이 상관물이기도 하다. 꽃은 유한적 생명체이다. 생명체로 건재할 때는 아름다우나 그 생명이 소진될 때도 아름다운 것은 아니다. 시적자아는 들길에서 만난 야생화에 취하여 소유하고 싶은 욕망에 사로잡힌다. 그 꽃에게 가질 수 있는 방법을 물으니 시를 쓰라고 조언한다. 유한한 생명체를 영원히 가질 수 있는 요체는 시를 쓰는 일이다. 이 세상에 존재하는 생명은 유한하고 시는 영원하기 때문이다. 시적자아와 꽃이 나누는 내밀하고 진지한 무언의 대화가 인상적이다. 거기에 바다가 있고 꽃동산이 있다. 꽃동산 한켠에는 그럴싸하고 운치 있는 팔각정도 있다. 천리향 꽃내음 풍겨오는 바다가 윤슬로 출렁다리를 놓는다. 신선이 노닐만한 아름다운 풍광이다. 어제는 그곳에 신선이 노닐다 갔는데 오늘은 바로 시적자아가 신선이 되어 노닌다. 거기선 교교히 비치는 달빛도 시인이 된다. 시인은 임이 오시는 밤길 밝히려 금강초롱을 연등처럼 걸어놓는 감성으로 한 줄의 시를 쓴다. 가을밤 기러기처럼 날아오는 시어를 채집하여 별빛처럼 빛나는 시를 짓는다. 새벽에 빛나는 샛별을 벗하여 시행을 촘촘히 시어로 박음질해간다. 그러나 시적자아는 그저 부끄러운 시인일 뿐이다. 시를 열심히 담금질하여 시집을 냈지만 그것은 그저 부끄러운 결실의 산물일 뿐이다. 착각의 결과가 잉태한 민망한 서적이다. 어느 날 시인은 거울을 통하여 그러한 진실의 참모습을 깨닫고 현상을 올바로 인지한다. 시집을 내는 일, 그것은 부끄럽고 치기어린 행위였음을 자각한다. 그러나 이는 모든 시인들이 공통적으로 느끼는 보편적이고 일반적인 감성이기도 하다.

4. 목련꽃 지는 질곡(桎梏)에서 되작여 보는 존재의 의미

시인은 시대의 거울이고 행동의 양심이다. 시인의 언어는 곧 지성인의 목소리이다. 시인이 노래하는 시는 인간의 마음들이 교류하고 정감을 피워내는 소통의 무지개이다. 어찌 시인의 삶이 치열하지 않을 수 있겠는가. 신영철 시인의 시는 진솔하고 사실적인 현실묘사와 불연속성의 구어체 언어로 인간의 원초적 냄새를 풍긴다. 시는 재치로 쓰는 것이 아니라 가슴으로 쓰는 것이다. 가슴에서 우러나온 시만이 독자에게 감동을 주고 그런 시만이 통시적 역사를 초월하여 영원한 생명을 얻는다. 시는 시인의 생활과 밀착되어 존재한다. 시세계에 몸담아 시를 쓰는 것은 자기 스스로를 열렬히 불태우는 일이며 과거와 미래의 불투명한 갈림길에서 자신의 존재를 새롭게 정립하는 일이다. 시인은 동시대를 살아가는 세인들에게 정서적 행복을 배달하는 유의미한 존재이다. 증류수의 실체처럼 오염되지 않은 가능의 세계를 열어 관조와 성찰을 통한 독창적 세계관을 창조해내는 인물이다. 그러기에 시인은 이미 그 존재 자체로도 운명적으로 슬프고 고뇌어린 삶의 행로를 걸어야 하는 생물인지도 모른다.

> 한 일생을/ 어린 삭신/ 어깨가 부서지도록/ 무거운 짐 지고 살았다// 한 세상을/ 서러운 눈물 어리도록/ 슬프게도 살았다// 이것저것/ 황홀한 세상/ 고무풍선처럼 허공을/ 둥둥 떠다니며 살았다// 한순간/ 좋은 인연 만나/ 꽃길을 걸어가며/ 떠나지 않는 일념/ 행복한 꿈도 꾸며 살았다// 이쯤이면/ 좋을 만큼 좋았고/ 그만둘 만큼 살았다
>
> —「그만둘 만큼 살았다」 전문

> 목련꽃 지는/ 으스름달밤/ 눈물 젖은 달무리// 눈물/ 한 방울/ 새벽 샛별이/ 동녘으로 떨어지네// 목련 꽃잎 하나 울며 떨어지네
>
> —「으스름달밤」 전문

니체는 일찍이 '시인은 거짓말을 너무 많이 한다' 고

확언했다. 이는 시인이 오염되고 난삽한 시어를 동원하여 세인의 이목을 흐리게 하고 허식적인 가상의 세계를 그럴싸하게 포장하여 미혹시킴으로써 독자의 신념과 가치체계를 혼란케 하는 존재로 인식한 때문이리라. 진실성이 결여된 시는 올곧은 사유의 범주를 벗어나게 되고 직관성이 부족한 시는 허상의 세계에 매몰되어 올바른 가치판단을 저해하게 된다.

앞에 인용한 신영철 시인의 작품에서는 고된 삶을 살아온 시인의 진정어린 토로가 눈물겹다. 인생은 근본적으로 한평생 형극(荊棘)처럼 가시나무를 지고 어둠의 질곡(桎梏)을 건너는 수행자의 구도(求道)를 요구하는지도 모른다. 시적자아는 일생에 걸쳐 어깨 부서지도록 무거운 짐을 짊어지고 그 질곡을 건너며 눈물겨운 일상을 살아왔다. 그 서러운 세상에서 행복한 꿈을 꾸며 풍선처럼 허공에 둥둥 떠서 정처 없이 떠다니며 살아오기도 했다. 이 세상에 고통 없는 삶이 어디 있겠는가. 꿈 없는 삶 또한 없지만, 고통은 삶에서 생겨나고 꿈은 역설적으로 그 고통으로 인해 발생한다. 그러기에 시인들은 추억어린 유년시절에서 고통과 꿈의 기억을 반추하는 데 천착하기도 한다. 이제 이만하면 '좋을 만큼 좋았고/ 그만둘 만큼 살아온' 것이다. 이제 가만히 한생을 내려놓고 정리할 시간이다. 소외되고 단절된 것들은 더욱 애틋하고 애절하게 정감을 야기한다. 안개 낀 으스름달밤, 저토록 서러이 목련꽃이 지고 있지 않은가. 허공으로 눈물 젖은 달무리가 흐르고 새벽을 향유하던 샛별도 지고 있다. 지는 것은 슬픈 일이다. 한밤에 지는 목련꽃의 구슬픈 눈물이 애절하다. 목련꽃의 눈물이 방울져 시적자아의 볼을 타고 흘러내린다. 몹시 처연하고 구슬프다. 가슴까지 먹먹해진다.

5. 동화적 세계의 구현과 꽃을 통한 향수의 회억(回憶)

시는 고정화되고 굳어버린 인식을 타파하고 자유로운 삶을 추구하는 인간정신의 발현이다. 기존에 인지하는 세계를 은닉하거나 구현하는 현상을 감지하여 이를 이해하고 수용함으로써 자신만의 언어로 재구성하고 확립하기 위해서는 인식과 사유를 언어화할 수 있는 시적감성이 필연적이다. 시는 신비감 넘치는 선명한 이미지를 형상화하고 시적대상에 대한 깊은 상념과 인식으로 오랜 숙성을 거친 후에야 비로소 빛나는 감각적 표상의 작품을 빚을 수 있다. 신영철 시인의 작품은 해독의 난해성을 배제하고 쉽게 읽히는 가독성의 특징을 보여준다. 이는 독자에 대한 접근성의 통로를 개방하여 수용의 용이성을 확장하는 긍정적 측면을 강화한다. 이처럼 시는 독자들이 편안히 접근하여 감상하고 느긋이 음미하여 시의 속살을 공유할 수 있어야 한다.

자연은 고향, 사랑, 어머니와 더불어 시의 영원한 본향(本鄕)을 이룬다. 자연의 일부인 꽃은 아름다움을 상징한다. 때문에 꽃은 화려함과 번영, 영화로움 등의 긍정적 의미를 표상하고, 이는 아름다운 여인이나 인간 삶의 좋은 일, 영화로운 것에 비유되기도 한다. 또한 꽃은 젊음과 사랑을 상징하기도 하고, 한 집단을 대리하는 의미를 표상하기도 한다. 우리 선인들은 꽃에도 품계나 등급을 부여하길 즐겼는데, 이는 꽃의 아름다운 가치보다 꽃이 지닌 상징적 의미에 주목하여 등위를 결정한 것으로 이해된다. 꽃은 아름다움을 상징하나, 이를 미적가치로만 인식하면 품격 있고 격조 높은 시의 형상화는 불가능할 것이다. 신영철 시인은 꽃으로 대별되는 제재를 섬세한 시선으로 응시하고 이에 가치 있는 의미를 부여하여 합리적 주제를 강화하는 시적 기법을 보여준다.

> 찬란한 저녁노을이 물드는 강변/ 소 몰고 오는 아이 황소 같은 꿈을/ 고삐처럼 말아 쥐고/ 저녁연기 피어오르는 마을/ 이랴 쩌쩌 앞 개울 건너오면/ 밥 익는 내음 허기져 올 때// 안마당 분꽃이 저녁 나팔을 불고/ 옹기종기 모여 앉은 채송화는/ 담 밑에서 군침으로 입맛을 다시면/ 대청마루 밥상머리 둘러앉은 동생들은/ 채송화 꽃으로 피어난다
>
> —「채송화 꽃이 핀다」 전문

> 절 마당 계단 아래/ 늙을수록 젊게 피는/ 배롱나무꽃이/ 법당 촛불보다 환하다// 계단 오르던 보살님 얼굴이/ 부처님 얼굴만큼 환하고/ 지나가다 향기 머금은 바람도/ 잠시 걸음을 멈추고/ 배롱나무 꽃술에 환히 미소 짓는다/ 세월마저 머물러 주춤거리는 자리/ 분홍빛에 마음 부셔/ 가슴까지 환하다
>
> —「배롱나무꽃」 전문

꿈과 같은 동화적 세계는 아련하고 그리운 향수를 동반한다. 저녁노을이 잔잔히 물들어가는 강변, 청순한 꿈을 지닌 소년이 강변에 메어 두었던 소를 몰고 돌아온다. 소걸음에 따라 딸랑거리는 해맑은 워낭소리가 적막한 강산에 번져간다. 저녁밥을 짓는 굴뚝 연기는 못 견디게 그리운 어머니와 고향에 대한 향수를 부추긴다. 안마당에서는 분꽃이 나팔을 불고 환히 꽃봉오리를 연 채송화가 짙은 향기를 내뿜는다. 채송화 향기 지피는 대청마루에서 밥상머리에 둘러앉은 동생들도 한 송이 채송화로 피어난다. 울 밑의 채송화처럼 청초한 모습으로 절 마당 계단 아래 배롱나무가 꽃을 피웠다. 꽃술이 법당을 밝히는 촛불보다 환하다. 지나가던 바람도, 흐르는 세월도 잠시 멈춰 서서 배롱나무 꽃술의 향기를 음미한다. 한여름 초록세상에서 붉은 배롱나무꽃은 더욱 독보적이고 환상적이다. 꽃이 오래 핀다고 하여 이름 붙여진 백일홍, 배롱나무꽃은 마치 이어달리기하는 육상선수처럼 꼬리를 물고 연이어 피어난다. 수없이 꽃이 지고 다시 피어나며 백일홍나무는 오랜 기간 꽃의 역할을 수행한다. 오글쪼글 주름이 잡힌 꽃잎과 껍질의 독특하고 유별난 모양새는 배롱나무만이 지닌 특허물이다. 사랑하는 왕자를 기다리며 매일 먼 바다를 바라보다 죽은 처녀의 애절한 넋이 전설화되어 무덤의 꽃으로 피어난 백일홍, 그래서 배롱나무는 오늘도 검붉은 핏빛 그리움으로 꽃술을 연다.

6. 갈무리 말

신영철 시인의 시는 순결한 영혼의 투영(投影)이자 순박한 시혼의 자아상이다. 신영철 시인은 생의 밑면에 축적된 번민과 회의를 통해 심층적 정서를 채록하여 시화하는 문인이다. 그는 시를 통하여 통절한 심회로 갈등하고 고뇌하고 회의(懷疑)하며 내면심리를 시화(詩花)로 피워낸다. 그러기에 그의 시는 시적 기법이나 수사적 언어의 운용, 특화된 내면 심리나 정서표출 등의 일반적 시가 지니는 특징적 요소와 관계없이 충분히 음미하고 감상할만한 가치를 지닌다. 시는 의미 있는 진통의 결실에 의해 탄생한다. 이를 토대로 신영철 시인의 제4시집『공간에 두고 가는 언어』에 수록된 시의 특징을 대별하면 다음과 같은 공통점을 추출할 수 있다.

첫째, 신영철 시인은 순결하고 진솔한 원형적 감각으로 대상을 인식하고 이를 채화하여 작품으로 형상화한다. 그는 시작(詩作)의 일련 과정을 통하여 순박하고 투명한 시선으로 다양한 시적 질감의 형상을 조감하고 이를 입체적으로 투영하여 가치 있게 펼쳐놓는다. 둘째, 신영철 시인의 작품은 화려한 시적기교나 현란한 수사를 배제하고 이야기하듯 자연스러운 어조로 시행을 구상하여 능동적으로 주제를 이끌어 간다. 그의 시는 외형적으로 화려하지 않기에 더욱 진솔하고 내면적으로 현란하지 않기에 더욱 샛별처럼 빛을 발한다. 이에는 인위성과 작위성을 배제하고 본성적 감각에 충실한 시작태도가 값진 시적요소로 작용한다. 셋째, 신영철 시인은 이성적이고 합리적인 시선과 관점으로 시의 솔기를 잇대어 박음질하고 이를 가치 있게 펼쳐놓는다. 시종일관 견지하는 잔잔한 어조와 겸손한 어투는 시에 대한 친근감을 야기하고 시로 향하는 통로를 확장하여 접근성을 원활케 한다. 넷째, 난해성을 극복하고 통상적 언어로 접맥한 시는 독자의 가독성을 확장하여 해석과 이해력을 돕는다. 독자들에게 거부감 없이 읽혀지는 시편은 반복되는 삶의 양상과 그것들의 공간적 광장에서 파생되는 내적 충만의 자유로운 자아성찰로서 존재론적 자아상을 확립한다. 다섯째, 신영철 시인의 시는 꾸밈없는 사유의 투명성과 작위적이지 않은 순박한 의식의 융합으로 빚어진다. 순결한 시혼에서 발현된 시 작품은 서정적 자아상의 구현이자 가치관이며 인생론을 망라한다. 그의 작품은 순수서정으로 일구어내는 삶의 본질이며 망각되고 소멸되어가는 인간성 회복을 위한 염원의 시학이다. 여섯째, 신영철 시인의 시는 기존에 구축된 기성작품의 완고한 시적태도와 방식에 길들여지지 않은 순수성과 인간정신을 표출한다. 일정한 색채로 표백되지 않은 본능적이고 원형적인 감성이 순수성으로 시에 내재된 의미를 견인한다.

신영철 시인의 제4시집 『공간에 두고 가는 언어』의 상재(上梓)를 진심으로 축하하고, 앞으로도 드높은 문학적 성취와 함께 굳건한 건필로 무한한 시맥(詩脈)을 채굴하길 바란다.

문학세계대표작가선 878

공간에 두고 가는 언어

신영철 제4시집

인쇄 1판 1쇄 2019년 2월 22일
발행 1판 1쇄 2019년 3월 2일

지 은 이 : 신영철
펴 낸 이 : 김천우
펴 낸 곳 : 도서출판 천우
등 록 : 1992. 2. 15. 제1-1307호
주 소 : 서울시 성동구 무학봉28길 6 금용빌딩 2F
전 화 : 02)2298-7661
팩 스 : 02)2298-7665
http://moonhak.wla.or.kr
E-mail : chunwo@hanmail.net

값 10,000원

ISBN 978-89-7954-757-3

이 도서의 국립중앙도서관 출판예정도서목록(CIP)은 서지정보유통지원시스템 홈페이지(http://seoji.nl.go.kr)와 국가자료공동목록시스템(http://www.nl.go.kr/kolisnet)에서 이용하실 수 있습니다. (CIP제어번호: CIP2019005978)